AF306865

Ayurveda
Die Wissenschaft vom Leben

Kerstina von Hagenberg

Eine Einführung in die indische Heilkunde

„Was immer wir selbst tun können,
um unsere eigene Gesundheit zu stärken,
wirkt besser, als das, was andere für uns tun.“

Dr. David Frawley

Inhaltsverzeichnis

Ayurveda – Die Wissenschaft vom Leben

Die ayurvedischen Grundlagen wurden in Sanskrit
überliefert, der alten indischen Sprache.
Ayu bedeutet Leben und Veda heißt Wissen; – die
Wissenschaft vom Leben.

Zum ersten Mal wurde Ayurveda in den Veden
ca. 3000 Jahre v. Chr. erwähnt.
Die mythologische Figur Dhanvantari soll der Arzt
der Götter gewesen sein und gilt deshalb als Ursprung
aller Heilungen.
Schon 427 v. Chr. gab es in Sri Lanka Krankenhäuser
für Menschen und Tiere.

Ayurveda sieht den Menschen als Mikrokosmos,
als ein eigenes Universum.
Die Lehre bezeichnet die männliche Energie mit
Shiva und die weibliche Energie als Shakti.
Die ayurvedische Philosophie basiert auf zwei
Grundbausteinen: Purusha, dem Ur – Geist, dem
Prinzip des empfindenden Bewusstseins, und
Prakruti, dem Prinzip der Kreativität.
Aus der Vereinigung dieser beiden, Geist und
Materie, geht alles Leben hervor.
Hieraus wurde die kosmische Intelligenz geboren,
genannt Mahat, die alles in sich trägt, was sich
manifestiert.
Das kosmische Bewusstsein existiert im Menschen als
Intelligenz des Individuums.

Das Empfinden des individuellen Egos wird Phamkara genannt. Das Ego trennt uns von der Einheit des Lebens. Aus dem Ego entsteht ein konditioniertes Bewusstsein und der Geist, das Mana.

Durch die Natur können wir zu unserem wahren Selbst gelangen, dem Purusha.

Die Lehre betrachtet den Menschen als Bewusstsein, Energie, Geist und Materie.
Unter Geist wird hierbei der Intellekt verstanden, das Bewusstsein bezeichnet die intuitiven Vorgänge.

Neben dem medizinischen System befasst sich die ayurvedische Lehre auch mit philosophischen, psychologischen, spirituellen und soziokulturellen Aspekten.
Ayurveda umfasst Praktiken für die tägliche Lebensführung, die Ernährung und medizinische Untersuchungen, Diagnosen und Behandlungen.

Das Ziel der ayurvedischen Methoden liegt darin, Körper, Geist und Seele in Einklang zu führen und Krankheiten zu vermeiden.
Ein Hauptschwerpunkt des Ayurveda konzentriert sich auf die Ernährung.

Voraussetzung für Therapien und Verbesserungen sind die drei Grundtypen, die als Pitta, Kapha und Vata definiert werden.

Gunas / Eigenschaften

Die Urmaterie, Prakruti genannt, wird durch drei
Eigenschaften geprägt, die als Gunas bezeichnet
werden.

Diese Gunas heißen Sattwa, Rajas und Tamas.
Sie treten überall in der Natur auf und wirken auf
physischer, geistiger und emotionaler Ebene. Auch
Nahrungsmittel werden anhand dieser Eigenschaften
unterschieden.

Sattwa steht für Verständnis, Reinheit, Klarheit,
Mitgefühl, Liebe, Religion, Güte, Harmonie, Licht,
Wahrnehmung und Intelligenz.
Menschen, bei denen Sattwa vorherrscht, legen Wert
auf Wahrheit, Ehrlichkeit, Bescheidenheit und das
Allgemeinwohl.
Sattwa optimiert das Lebensgefühl durch milde, süße,
ölige und saftige Speisen, wie Gemüse, Hülsenfrüchte,
Getreide, Obst, Milchprodukte, Wasser und Kräutertee,
verteilt auf fünf Mahlzeiten am Tag.

Rajas verkörpert Bewegung, Aggressivität, Energie,
Extroversion, Sinnlichkeit, Wohlstand, Macht,
Aktivität, Emotion und Turbulenz.
Menschen, bei denen Rajas am stärksten ausgeprägt
ist schätzen Macht, Ansehen, Autorität und Kontrolle.
Rajas reagiert positiv auf scharfe, bittere, salzige,
saure, heiße, kalte und trockene Lebensmittel wie
Chili, Zwiebel, Knoblauch, Kaffee, schwarzer Tee,
Eier und Weißbrot.

Sie agieren anregend, können aber auch Aggressionen
auslösen.

Tamas verbindet sich mit Unwissenheit, Trägheit,
Stumpfheit, Faulheit, Eigensinn, Respektlosigkeit,
Egoismus, Dunkelheit, Widerstand, Schwere und
Zerstörung.
Menschen, bei denen Tamas vorherrscht, lassen sich
von Kräften wie Furcht, Unterwerfung, Unwissenheit
und Verfall beeinflussen.
Tamas verstärkt sich durch schale, schwere und
geschmacklose Speisen, wie Fleisch, Fisch, Geflügel,
Zwiebel, Essig, Zucker.
Es kann Schwermut und Trägheit auslösen.

Die Gunas bilden gegensätzliche Paare.
Durch die Wechselwirkungen ergänzen sie sich
und bilden ein Ganzes.

Auf die Gunas kann man Einfluss nehmen durch
das eigene Verhalten, durch Bewegungstraining
(Yoga, Qi Gong und ähnliche) und durch die
Ernährung.

Das Berücksichtigen der drei Gunas kann helfen,
die innere Balance zu finden.

Eine yogische Ernährung verzichtet auf Fleisch
und Fisch, weil mit dem Verzehr Gewalt und Tod
verbunden sind.

Die 5 Elemente

Aus den drei Gunas gehen die fünf Elemente hervor,
auch sie bilden ein Kernstück des Ayurveda.
Die fünf Elemente heißen Äther (Raum), Luft, Feuer,
Wasser und Erde.
Außerdem kommen noch der Geist, der *Mana* genannt
wird, die Seele, die *Atman* heißt, der Raum, *Dik*, und
die Zeit, *Kala*, hinzu.
Gemeinsam bilden sie die Basis für alles Leben auf
der Welt.
Im Ayurveda werden auch Pflanzen in diese fünf
Elemente unterteilt und die Phytotherapie orientiert
sich daran.

Dem **Äther** – Element sind im menschlichen Körper
Hohlräume zugeordnet, wie im Mund, in der Nase,
im Magen – Darm – Trakt, im Atemtrakt, im Abdomen,
im Brustraum, in den Kapillaren, in den Lymphbahnen,
den Geweben und den Zellen. Äther bietet Raum zum
Leben. Er steht mit dem Ohr und dem Gehör in
Verbindung und transportiert den Klang.

Das **Luft** – Element ist im menschlichen Körper mit
Bewegung verbunden. Es befindet sich in den
Muskelbewegungen, den Herzschlägen, dem Atemtrakt,
dem Magen – Darm – Trakt, den sensorischen und
motorischen Bewegungen und denen des Zentralen
Nervensystems.

Es steht mit dem Tastsinn und der Haut in Verbindung.
Der Atem ist ständig in Bewegung und hält alle Wesen
am Leben.

Das **Feuer** – Element befindet sich im menschlichen
Körper im Stoffwechsel, in der Verdauung, der
Intelligenz, der Körpertemperatur und in den
Enzymsystemen. Die Augen und das Sehen sind mit
ihm verbunden, nur durch Licht kann das Leben
wahrgenommen werden.

Das **Wasser** – Element drückt sich im menschlichen
Körper in den Verdauungssäften aus, in den
Speicheldrüsen, in den Schleimhäuten, im Plasma,
im Zytoplasma und in den Gewebefunktionen.
Es steht mit dem Geschmackssinn in Verbindung.
Nur eine feuchte Zunge kann Geschmack wahrnehmen.
70 % des Körpers bestehen aus Wasser.

Das **Erde** – Element ist im menschlichen Körper den
Knochen, den Knorpeln, den Nägeln, den Sehnen,
der Muskulatur, der Haut und den Haaren zugeordnet.
Das Element steht mit dem Geruchssinn in Verbindung.
Die Erde gibt Sicherheit, Stabilität und Raum zum
Verwurzeln.

Die Tridoshas

Die Doshas sind die Grundbausteine des Körpers,
deshalb müssen sie im Gleichgewicht bleiben.
Sie heißen Vata, Pitta und Kapha.
Die Doshas beeinflussen das Aussehen, das Verhalten,
den Charakter und den körperlichen Zustand eines
Menschen.
Manche Personen sind reine Vata, Pitta oder Kapha –
Typen, aber meistens bestehen Mischtypen aus zwei
oder allen Doshas.
Die vorherrschende Neigung wird als persönliche
Konstitution definiert.
Die Doshas sind ständig im Körper aktiv und sorgen
für positive oder negative Auswirkungen.

Das Vata Dosha besteht aus Äther und Luft und wird
als Bewegungsprinzip bezeichnet.

Das Stoffwechselprinzip entspringt aus Feuer und
Wasser und wird Pitta Dosha genannt.

Aus Erde und Wasser entsteht das Kapha Dosha, das
als Strukturprinzip definiert wird.

Die 7 Konstitutionstypen gehören zu der Natur und
werden deshalb Prakruti (= natürlich) genannt:

Vata, Pitta, Kapha, Vata – Pitta, Pitta – Kapha, Vata –
Kapha und Vata – Pitta – Kapha.

Die Konstitutionen sind auch genetisch bedingt,
aber die Elemente sorgen ständig im Körper für
Bewegungen und Veränderungen.

Vata (Luft)
Vata steht für das Prinzip der Bewegung, der
Lebensenergie und dem Willen.
Die Elemente Äther und Luft setzen es zusammen.
Es sitzt unterhalb des Nabels im Dickdarm, in den
Hüften, im Tastsinn und in der Haut.

Körperlichen Einfluss nimmt Vata auf die Atmung,
den Lidschlag, die Muskelbewegungen, die
Gewebebewegungen, die Herzschläge, den
Bewegungen von Zytoplasma und Zellmembran,
dem Stoffwechsel, den Impulsen der Nervenzellen,
dem Willen und den Sinnen.

Ein Übermaß an Vata zeichnet sich durch Trockenheit,
Nervosität, Ängste, Kälte, Zittern, Verstopfung,
Kraftverlust, Schlaflosigkeit, Müdigkeit und einer
schwacher Aussprache aus.
Auch die Sinnwahrnehmungen schmälern sich.

Der Vata Typ gilt als offen, kommunikativ, redselig,
kreativ und Begeisterungsfähig. Er mag Veränderungen
und lernt gerne Neues, besitzt ein empfindliches Gehör
und einen ausgeprägten Tastsinn.
Er bevorzugt warme, energetische Farben, die nicht zu
knallig oder intensiv wirken.

Pitta (Feuer)
Pitta setzt sich aus den Elementen Feuer und Wasser
zusammen.

Es ist mit dem Metabolismus und dem Stoffwechsel
verbunden, mit dem Hormonhaushalt, der
Körpertemperatur und allen chemischen Reaktionen.

Pitta nimmt Einfluss auf die Verdauung, auf den
Hunger, den Durst und den Schweiß, auf den
Stoffwechsel, die Körpertemperatur, den Teint,
die Augenfeuchtigkeit und das Sehen.
Es ist verbunden mit der Intelligenz, dem Verstehen
und dem Intellekt.

Pitta Eigenschaften zeichnen sich aus durch heiß,
scharf, flüssig, feucht, sauer, bitter und leicht.

Psychisch ist Pitta mit Zorn, Hass, Eifersucht, Mut,
Entschlossenheit und emotionalem Ausdruck
verbunden.

Pitta agiert im Dünndarm, im Magen, in der Haut,
in den Schweißdrüsen, im Blut, im Fettgewebe und
im Zwölffingerdarm.

Ein Übermaß an Pitta zeigt sich durch sehr gelben
Urin und Stuhl, durch Hunger und Durst, Schweiß
und Schlafstörungen.

Pitta Typen zeichnen sich als Führungspersönlichkeiten aus, durch die Lust am Arbeiten, verspüren Erfüllung durch Wissen und Motivation, sind ehrgeizig und dynamisch und strahlen Charisma aus.

Kapha (Wasser)
Kapha setzt sich aus den Elementen Erde und Wasser zusammen.

Es sitzt im Brustraum, Hals, Kopf, Rippen, Magen, Plasma, Nase, Mund, Zunge und Gaumen.

Körperlich ist es mit der Stuktur und Stabilität verbunden, mit der Abwehrkraft, der Gelenkschmiere und der Gelenkflüssigkeit, ebenso mit der Hautfeuchtigkeit, der Wundheilung, dem Zytoplasma, dem Plasma, den Körpersekreten, der biologische Kraft, der Vitalität und der Energie für Herz und Lunge.

Gier, Neid, Ruhe, Vergebung und Liebe entspringen Kapha, wie auch positive Energie.
Ein Übermaß an Kapha zeigt sich durch Blässe, Kälte, Ansammlungen von Schleim, Erschöpfung, Schweregefühl, Husten, schwere Atmung und großes Schlafbedürfnis.

Kapha Typen wirken schwerfällig, träge, behäbig, aber auch ausdauernd und stark. Sie verfolgen ihre Ziele, ziehen sich aber auch gerne zurück und ignorieren Unangenehmes. Sie tendieren zu fettem Essen, Heißhunger und unkontrollierten Ergüssen.

Die Elemente wirken untereinander aufeinander ein. Luft nährt das Feuer, Wasser kontrolliert Feuer, Luft bewegt das Wasser.

In der Kindheit herrschen Anabolismus und Wachstum vor, was mit Kapha verbunden wird.
Im Erwachsenenalter stehen der Metabolismus und die Stabilität im Vordergrund, was analog zur Pitta – Konstitution steht.
Im Alter herrschen Katabolismus und Abbauvorgänge vor, was mit Vata konform geht.

Pitta neigt im Sommer zu Störungen, Vata im Herbst, Kapha im Winter.

Die Tridoshas regeln die Stoffwechseltätigkeiten Anabolismus (Kapha), Katabolismus (Vata) und Metabolismus (Pitta). Überwiegt Katabolismus, nehmen Abbau – und Zerfallprozesse im Körper zu und Abmagern kann eine der Folgen sein. Überwiegt der Anabolismus, beschleunigt dies den Wachstum und die Regeneration der Organe.

Die Eigenschaften, also die **Gunas** der Tridoshas müssen im Gleichgewicht bleiben, damit der Mensch sich wohl fühlt.

Zum Vata – Typ (Luft und Äther) gehören die Eigenschaften trocken, leicht, kalt, rauh, subtil, beweglich, klar, verteilend, hell, subtil, hart und veränderlich.

Die Pitta Konstitution (Feuer und Wasser) zeichnet
sich aus durch ölig, durchdringend, heiß, leicht, weich,
beweglich, flüssig, fließend, hell, subtil, scharf, klar
und übelriechend.

Der Kapha – Typ (Erde und Wasser) ist schwer,
langsam, kalt, ölig, dicht, schleimig, weich, statisch,
nass, schwer, stumpf, glatt und wolkig.

Der Vata – Typ leidet leicht an Blähungen, Schmerzen
in der unteren Wirbelsäule, Arthritis, Ischias,
Lähmungen und Neuralgien; – die Ursache liegt oft
im Magen.

Die Pitta – Typen neigen zu Leber – und
Gallenstörungen, Magen – Darm – Erkrankungen,
Entzündungen und Hauterkrankungen; – die Ursache
findet sich häufig im Dünndarm.

Der Kapha – Typ leidet leicht an Lungenerkrankungen,
Bronchitis und Nasennebenhöhlenentzündungen; – die
Ursache kann im Dickdarm liegen.

Störungen in Vata führen zu Angst, Depressionen
und Nervosität.
Ist Pitta unausgeglichen, ruft dies Zorn, Hass und
Eifersucht hervor.
Ein unausgeglichenes Kapha führt zu Besitzgier,
Habsucht und Verhaftung.

Den Konstitutionstyp bestimmen

Anhand der folgenden Listen können die Konstitutionstypen bestimmt werden.
Hierfür wird eine Strichliste für alle Tridoshas angelegt und an jedem zutreffenden Aspekt ein Strich gezeichnet. Wo nach dem Abhandeln der drei Doshas die meisten Striche vermerkt sind, befindet sich der Konstitutionstyp mit der stärksten Prägung.

Körperbau

Vata

dünn, körperlich schwach, flachbrüstig, zarter Knochenbau, hervorstehende Knochen und Gelenke aufgrund schwacher Muskulatur

Pitta

mittlere Statur, schlank, zarter Knochenbau

Kapha

gut entwickelt, Brustkorb gedehnt und weit, starke Muskeln und Knochen

Körpergewicht

Vata   gering, Sehnen, Muskeln und Venen
                    sind gut sichtbar

Pitta   durchschnittlich

Kapha   Übergewicht

ॐ

Haut

Vata   kalt, rauh, trocken, rissig, dunkle
                    Muttermale, brauner Teint

Pitta   hell, rot, gelblich, weich, ölig,
                    warm, wenig Falten, bräunliche
                    oder bläuliche Muttermale und
                    Sommersprossen

Kapha   kühl, dick, blass, weich, kräftig,
                    glänzend, ölig; Venen und Sehnen
                    sind nicht zu sehen

ॐ

Haare

Vata   Haare lockig und spärlich, Wimpern
                    dünn, schwarz

Pitta   Haar dünn, seidig, rot, braun, blond,

vorzeitiges Ergrauen, Haarausfall

Kapha

kräftig, dunkel oder hell, weich, ölig, gewellt

ॐ

Zähne

Vata

vorstehend, groß, krumm, Zahnfleischschwund

Pitta

durchschnittliche Größe, gelblich, weiches Zahnfleisch

Kapha

stark, weiß

ॐ

Augen

Vata

Augen ohne Glanz, klein, trocken, lebhaft, dunkel

Pitta

scharf, durchdringend, grün, gelblich, grau

Kapha

dunkel oder blau, dichte Struktur, helles Augen – Weiß; wirken anziehend; starke Wimpern

ॐ

Appetit

Vata   wenig

Pitta   große Mengen Nahrung und
                Flüssigkeit, kalte Getränke

Kapha   regelmäßig, aber wenig

ॐ

Geschmack

Vata   süß, sauer, salzig

Pitta   süß, bitter, zusammenziehend

Kapha   scharf, bitter, zusammenziehend

ॐ

Durst

Vata   veränderlich

Pitta   übermäßig

Kapha   wenig

ॐ

Ausscheidung

Vata   Urin: kleine Mengen

Kot: trocken, hart, klein

Pitta

Urinmenge groß
Kot gelblich, weich, flüssig,
reichlich, ölig
Schweiß: übermäßig viel

Kapha

Kot: zäh, ölig, schwer
mäßiger Schweiß

ॐ

Aktivität

Vata

sehr aktiv, wenig Willenskraft

Pitta

mäßig, können nicht gut schwer
körperlich arbeiten

Kapha

starke Lebenskraft, gutes
Durchhaltevermögen; bewegen
sich langsam, wirken lethargisch

ॐ

Geist

Vata

ruhelos, aktiv, kreativ

Pitta

aggressiv, intelligent, scharfsinnig,
schnelle Auffassungsgabe,
ehrgeizige Menschen,
Führungsqualitäten

Kapha   ruhig, langsam

ॐ

Emotionen

Vata   labil, Angst, Depression,
               Unsicherheit, wenig Toleranz,
               Mangel an Selbstvertrauen und Mut

Pitta   aggressiv, reizbar, eifersüchtig

Kapha   friedlich, Harmonie bedürftig,
               Gier, Neid, Anhaftend

ॐ

Glaube

Vata   veränderlich, unstet

Pitta   fanatisch

Kapha   stetig

ॐ

Gedächtnis

Vata   Kurzzeitgedächtnis gut,
               Langzeitgedächtnis schwach

Pitta   gut

| Kapha | langsam aber gründlich |

ॐ

Träume

Vata	Fliegen, Springen, Laufen, Angst
Pitta	Feuer, Zorn, Gewalt, Krieg
Kapha	Wasser, Romantik

ॐ

Schlaf

Vata	wenig, unterbrochen
Pitta	wenig, fest
Kapha	tief und lang

ॐ

Sprache

Vata	schnell
Pitta	scharf, schneidend
Kapha	langsam, monoton

ॐ

Finanzen

Vata   schlecht, geben Geld für
             Belangloses aus

Pitta   durchschnittlich, schätzen
             materiellen Wohlstand und
             zeigen ihn gerne

Kapha   verdienen leicht Geld und halten
             es fest

Puls

Vata   drahtig, schwach, Schlange

Pitta   mäßig, hüpfend, Frosch

Kapha   breit, langsam, Schwan

Die Geschmacksempfindungen

In der ayurvedischen Lehre werden sechs
Geschmackstypen unterschieden: süß, sauer, salzig,
scharf, bitter und zusammenziehend.
Mahlzeiten werden als optimal angesehen, wenn sie
alle sechs Geschmackstypen enthalten.

Manche Geschmackstypen wirken auf bestimmte
Konstellationen positiv, andere wirken schwächend.
Der Vata – Typ soll ein Übermaß an bitter, scharf
oder zusammenziehend vermeiden, aber er verträgt
süß, sauer und salzig gut.
Pitta – Typen mögen einem Zuviel an sauer, scharf
und zusammenziehend ausweichen. Sie vertragen gut
süß, bitter und salzig.
Kapha – Typen sollen eine Überfülle an süß, sauer
und salzig umgehen und scharf, zusammenziehend
und bitter bevorzugen.

Die sechs Geschmacksrichtungen
Alle Lebensmittel beinhalten mehrere geschmackliche
Richtungen, aber meistens herrscht eine vor.
Jeder Geschmackstyp ist mit den Elementen verbunden
und erfüllt besondere Aufgaben.

* Süß
Seine Wirkung ist erweichend, einhüllend, befeuchtend
und beruhigend.
Süßes fördert das Wachstum aller Körpergewebe, also
auch die Körpermasse. Es verleiht Kraft und Energie.

Süßes wirkt beruhigend auf die fünf Sinne und den
Geist und verleiht Freude und Zufriedenheit.
Es fördert das Wachstum der Haare und der Haut
und wirkt aufbauend bei Schwäche und Abmagerung.
Zu viel Süßes bewirkt Müdigkeit, Übergewicht,
Schilddrüsenvergrößerung, erschwerte Atmung,
Lympfknotenschwellung, Darmträgheit und viel
Speichel.
Elemente: Erde und Wasser
Lebensmittel: Mango, Birne, Apfel, Banane, Feige,
Dattel, Pflaume, Pastinake, Kartoffel, Kürbis, Rote
Beete, Karotte, Mais, Kardamom, Zimt, Honig,
Nudeln, Reis, fast alle Nüsse.
Es mindert Pitta und Vata.

***Sauer**

Saures verbessert den Geschmack der Nahrungsmittel.
Es wirkt belebend und anregend und weckt den Geist
und die Sinne. Saures verursacht Durst, fördert die
Verdauung, regt den Appetit an und sättigt. Es treibt
die Körperkreisläufe an und stärkt das Herz. Saures
verhindert die Ansammlung von Gasen im Körper.
Zu viel Saures lässt die Zähne empfindlich werden,
verursacht Gänsehaut und Augenblinzeln, führt zu
Muskelschwund und Ödemen.
Es kann auch Entzündungen fördern und die Heilung
von Frakturen negativ beeinflussen. Saures kann
Brennen im Mund, im Hals und im Magen auslösen.
Elemente: Feuer und Erde
Lebensmittel: Zitrusfrüchte, Ananas, Erbeeren, grüne
Trauben, Tomaten, Käse, Safran, Tamarinde, Essig.

Es wirkt störend auf Pitta und Kapha.

*** Salzig**

Seine Wirkung ist schneidend, beißend, abführend, beruhigend, erweichend, schwer, ölig, heiß, erhitzend und öffnend.

Salziges hebt alle anderen Geschmacksrichtungen auf. Es verbessert die Kontraktionen im Körper und unterstützt das Wachstum der Gewebe. Salziges fördert die Verdauung, wirkt abführend und regt den Appetit an. Es reinigt die Gefäße. Salziges macht die Körperorgane weich und träge. Es fördert den Speichelfluss und verursacht Durst. Es beruhigt die Nerven.

Zu viel Salziges kann Stauungen im Blut verursachen und unangenehme Empfindungen im Verdauungstrakt auslösen, wie z. Bsp. Brennen. Es kann zu Muskelschwund führen, Infektionen verschlimmern und Tumore aufbrechen. Es fördert den Zahnausfall, das Ergrauen und Ausfallen der Haare und kann die Sinnempfindungen stören. Salziges führt zu Übersäuerung der Verdauungsorgane und kann Gicht auslösen.

Elemente: Feuer und Wasser
Lebensmittel: Salze und Algen
Es stört Pitta und Kapha.

*** Scharf**

Scharf wirkt leicht, heiß, anregend und trocken.
Es reinigt die Nahrung und den Mund.

Scharfes entfacht das Verdauungsfeuer, fördert die
Ausscheidung von Toxinen und wirkt Keimtötend.
Absonderungen der Nasenschleimhaut werden
angetrieben und es kann Tränen verursachen.
Scharfes stillt Juckreiz und öffnet die Gefäße. Es
wirkt Appetitanregend, Verdauungsfördernd und löst
Stauungen im Verdauungstrakt. Es treibt den Kreislauf
und den Stoffwechsel an. Scharfes verbessert den
Geschmackssinn und löst Durstgefühle aus. Es verleiht
allen Sinnen Klarheit.
Zu viel Scharfes kann das Muskelgewebe angreifen
und Müdigkeit, Schwäche und Schwindel hervorrufen.
Es löst auch brennende Empfindungen aus, Zittern
oder sogar Schmerzen. Zu viele scharfe Nahrungsmittel
können zu Abmagerung führen.
Elemente: Feuer und Luft
Lebensmittel: schwarzer Pfeffer, Chili, Ingwer,
Kümmel, Zimt, Nelken, Zwiebel, Rettich, Knoblauch.
Scharfes schmälert Kapha.

* Bitter

Bitter sensibilisiert den Geschmackssinn und stellt ihn
wieder her. Es wirkt entgiftend, antibakteriell und
Keimtötend und arbeitet so gegen Toxine. Es lindert
Empfindungen wie Brennen und Jucken. Bitterer
Geschmack lindert das Gefühl von Durst. Es strafft
die Haut und die Muskulatur. Bitteres entfacht das
Verdauungsfeuer und hilft bei der Fettverbrennung
und dem Verdauen von Zucker. Es kann Fieber senken.
Bitter hilft bei der Fettreduzierung und reinigt Blut
und Gewebe. Es kann Geschwüre reduzieren.

Bitter wirkt beruhigend.
Zu viel bitterer Geschmack kann Trockenheit auslösen,
Abmagerung, Müdigkeit und Schwindel und es kann
die Körperkraft mindern.
Elemente: Luft und Äther
Lebensmittel: Kurkuma, Zimt, Kardamom, Kümmel,
Karotten, Spargel, Mangold, Rosenkohl, Blumenkohl,
Quinoa, Sesam, Kürbiskerne.
Bitter gleicht Pitta und Kapha aus.

* Zusammenziehend

Herb wirkt beruhigend, trocken, kühl und leicht.
Es hemmt Gelenkschmerzen und Entzündungen.
Zusammenziehender, herber Geschmack fördert
die Heilung von Wunden und stillt Blutungen. Es
fördert die Absorption von Flüssigkeiten und wirkt
Schleimlösend. Zusammenziehndes kann Durchfall
stillen, aber auch Verstopfung herbeiführen. Es wirkt
Blutreinigend und stärkt das Gewebe.
Zu viel Herbes kann Herzschmerzen auslösen. Der
zusammenziehende Geschmack kann den Schweiß
hemmen, einen trockenen Mund auslösen und die
Stimme schwächen. Es kann Abmagerung, Schwäche
und Steifheit unterstützen.
Elemente: Luft und Erde
Lebensmittel: Granatapfel, Erbsen, Linsen, Bohnen,
Sellerie, Kartoffel, Brokkolie, Karotte, Spinat, Zuchini,
Gurke, Blattsalat, Kümmel, Muskat, Safran, Koriander,
Sesam, Walnüsse, Buchweizen, Sonnenblumen.
Es wirkt positiv auf Pitta und Kapha.

Die Geschmacksrichtungen wirken auch auf die Psyche ein.

Zusammenziehendes fördert Angstgefühle, Saures reagiert sensibel auf Neid, Scharfes kann Zorn auslösen, Süßes unterstützt das Verlangen, Bitteres kann Kummer verstärken und Salziges die Gier.

Seele und Körper arbeiten eng zusammen. Wenn Furcht unterdrückt wird, kann es zu Nierenstörungen kommen. Zorn beeinflusst die Leber. Gier und Eifersucht wirken negativ auf Milz und Herz.

Nahrungsmittel für die Konstitutionstypen

In folgender Liste finden sich Nahrungsmittel, die von den entsprechenden Konstitutions – Typen vorgezogen oder vermieden werden sollten.

Durch die Ernährung können Pitta, Vata und Kapha beeinflusst werden.

❧

Positiv für die Vata – Konstitution:
Obst: süße Früchte, Aprikosen, Avokados, Bananen, Beeren, Kokosnuss, Grapefruit, Feigen, Trauben, Zitronen, Mangos, Orangen, Papaya, Pfirsische, Ananas, Pflaumen, Kirschen
Gemüse: gekochtes Gemüse; Spargel, Rote Beete, Karotten, Gurken, Knoblauch (nicht roh), grüne Bohnen, Rettich, Zucchini, Kürbis, Pastinaken, Süßkartoffeln.
Getreide: Reis, Weizen
Tierische Produkte: Rind, Huhn, Truthahn, Eier, Meeresfrüchte
Hülsenfrüchte: Mungo Bohnen, Tofu, schwarze und rote Linsen, Kichererbsen
Nüsse: alle
Milchprodukte: alle
Gewürze: Ingwer, Kardamom, Zimt, Senfkörner, Cumin

<u>Negativ für die Vata – Konstitution:</u>
Obst: Trockenfrüchte, Äpfel, Birnen, Granatäpfel,
Wassermelonen
Gemüse: rohes Gemüse, Brokkoli, Rosenkohl,
Weisskohl, Rotkohl, Blumenkohl, Sellerie, Aubergine,
Pilze, Erbsen, Paprika, Spinat, Tomaten
Getreide: Gerste, Buchweizen, Mais, Hirse, Hafer,
Roggen
Tierische Produkte: Lamm, Schwein, Hase, Wild

૎૏

<u>Positiv für die Pitta – Konstitution:</u>
Obst: süße Früchte, Äpfel, Avokados, Kokosnuss,
Feigen, dunkle Trauben, Mangos, Melonen, Orangen,
Pflaumen, Granatapfel, Dörrpflaumen, Rosinen,
Birnen, Kirschen
Gemüse: Spargel, Brokkoli, Rosenkohl, Weisskohl,
Rotkohl, Blumenkohl, Gurke, Sellerie, grüne Bohnen,
Salat, Pilze, Erbsen, grüne Paprika, Kartoffeln,
Zucchini, Chicorée
Getreide: Gerste, Reis, Weizen
Tierische Produkte: Huhn, Truthahn, Hase, Wild,
Garnelen
Nüsse: nur Kokosnüsse
Milchprodukte: Butter, Hüttenkäse, Milch
Öle: Kokosöl, Olivenöl, Sonnenblumenöl
Gewürze: Koriander, Zimt, Fenchel, Safran,
Kurkuma, Ingwer

Negativ für die Pitta – Konstitution:
Obst: saure Früchte, Aprikosen, Beeren, Bananen,
Kirschen, Preiselbeeren, Grapefruit, grüne Trauben,
Zitrone, Papaya, Pfirsisch, Ananas
Gemüse: scharfes Gemüse, Rote Beete, Karotten,
Auberginen, Knoblauch, Zwiebel, Paprika, Rettich,
Spinat, Tomate
Getreide: Buchweizen, Mais, Hirse, Roggen, brauner
Reis
Tierische Produkte: Rind, Eigelb, Lamm, Schwein,
Meeresfrüchte
Hülsenfrüchte: Linsen
Milchprodukte: Buttermilch, Käse, saure Sahne,
Joghurt
Öle: Mandelöl, Maisöl, Sesamöl

…

Positiv für die Kapha – Konstitution:
Obst: Äpfel, Aprikosen, Beeren, Kirschen, Mangos,
Preiselbeeren, Pfirsische, Birnen, Granatapfel,
Dörrpflaumen, Rosinen
Gemüse: Spargel, Rote Beete, Brokkoli, Rosenkohl,
Weisskohl, Rotkohl, Blumenkohl, Karotten, Sellerie,
Aubergine, Knoblauch, Salat, Pilze, Zwiebel, Erbse,
Paprika, Kartoffeln, Rettich, Spinat, Chicorée
Getreide: Gerste, Mais, Hirse, Roggen, Buchweizen,
Dinkel
Tierische Produkte: Huhn, Truthahn, Eier, Hase,
Garnelen, Wild

Milchprodukte: Ziegenmilch, warme Magermilch
Öle: Mandelöl, Maismehl, Sonnenblumenöl
Gewürze: Ingwer, schwarzer Pfeffer, Koriander,
Kurkuma, Nelken, Kardamom, Zimt

<u>Negativ für die Kapha – Konstitution:</u>
Obst: Avokado, Banane, Kokosnuss, Grapefriut,
Trauben, Zitrone, Melone, Orange, Papaya, Ananas,
Pflaume
Gemüse: Gurke, Kartoffeln, Tomate, Zucchini, alle
süßen und saftigen Gemüse
Getreide: Weizen
Tierische Produkte: Meeresfrüchte, Rind, Lamm,
Schwein
Hülsenfrüchte: weiße Bohnen, Sojabohnen, schwarze
Linsen, Mungo Bohnen
Nüsse: alle
Milchprodukte: alle außer Ziegenmilch

Gewebe

Dhatu wird übersetzt als „aufbrausendes Element"
und bezeichnet die Gewebe, bei denen sieben Formen
unterschieden werden.

Wenn ein Dhatu versagt, wirkt sich dies auf das
nachfolgende Dhatu aus, weil sich jedes vom
vorangegangenen ernährt.
Die sieben Dhatus werden als manifestierte Ordnung
aufgefasst.

Rasa, das Plasma, enthält die Nährstoffe der verdauten
Nahrung und ernährt Gewebe, Organe, die Lympen
und Systeme des Körpers.

Rakta, der zelluläre Anteil im Blut, regelt die
Oxydation in allen Geweben und lebenswichtigen
Organen, in Sehnen und Venen.

Mamsa, die Muskeln und die Haut, decken die
empfindlichen, lebenswichtigen Organe ab, führen
die Bewegungen der Gelenke durch und halten den
Körper aufrecht.

Meda, das Fettgewebe, bewirkt die Schmierung und
Gleitfähigkeit aller Gewebe.

Ashi, das Knochengewebe, verleiht dem Körper
Struktur, Stabilität und Halt.

Majja, das Knochenmark und das Nervengewebe
füllen die Knochenhohlräume aus und sind Vermittler
der motorischen und sensorischen Impulse.

Shukra und Artav (Fortpflanzungsgewebe) sind für
Fortpflanzung zuständig und für die Zellerneuerung
in allen Geweben.

Die erste Geschmackswahrnehmung auf der Zunge
wird im Ayurveda Rasa zugeordnet.
Gelangt die Substanz in den Magen, entsteht Hitze
oder Kälte, was im Ayurveda Virya genannt wird.
Der Vorgang aus der Verdauung hinaus heißt im
Ayurveda Vipak.

Die Zuordnung von Rasa, Virya und Vipak wird nicht
nur auf Nahrungsmittel und Heilpflanzen angewendet,
sondern auch bei der Verwendung von Edelsteinen,
Metallen, Farben, in Bezug auf Geist und Gefühle.
Substanzen, die nicht zu Rasa, Virya oder Vipak zählen,
werden als Prabhav bezeichnet.

Stoffwechsel

Agni heißt der Feuergott im Hinduismus und bezeichnet das biologische Feuer, das den Stoffwechsel regelt.

Es kann als fester Bestandteil des Pitta – Systems angesehen werden und erfüllt katalytische Aufgaben bei der Verdauung und im Stoffwechsel.

Im Magen manifestiert sich Pitta als Agni, weil es Hitze – Energie enthält.

Agni hält die Gewebeernährung und das Immunsystem aufrecht und vernichtet Bakterien und Toxine im Magen, im Dünndarm und im Dickdarm.
Wenn Agni schwach ist, wird die Nahrung nicht richtig verdaut und es entsteht Ama.
Störungen des Agni äußern sich durch Aufstoßen, Blähungen, Sodbrennen und Heißhunger.
Warme Mahlzeiten unterstützen Agni.

Ama nennt sich eine Ansammlung von Toxinen, unverdaute Bestandteilen der Nahrung oder körpereigene Abfallprodukte.
Werden Nahrungsmittel aufgenommen, die sich untereinander schlecht vertragen, entstehen Toxine und Schleimansammlungen. Dieser Vorgang wird Ama genannt.

Toxine entstehen auch durch emotionale Faktoren.
Das Festhalten negativer Gefühle und unverdauter
Erlebnisse kann toxisch wirken.
Unterdrückter Ärger und Zorn können die Flora von
Gallenblase, Gallengängen und Dünndarm verändern
und verstärken Pitta, was Entzündungen im Magen –
Darmtrakt oder den Schleimhäuten verursachen kann.
Auch Angst und Sorgen verändern die Dickdarmflora.

Eine geschwächte Immunreaktion kann zu Allergien
führen; – bei Menschen mit Pitta – Konstitution zum
Beispiel gegen Nahrungsmittel mit scharfem
Geschmack.
Bei Kapha – Typen können Milchprodukte Asthma
und ähnliche Reaktionen hervorrufen.

Symptome von Ama zeichnen sich aus durch den
Verlust der Geschmacksempfindung, Appetitverlust,
Verdauungsstörungen, Zungenbelag, Atemgeruch,
Kraftverlust, Schwere, Lethargie, Verstopfung,
schlechter Geruch des Körpers, des Urins und des
Kots, mangelnde Aufmerksamkeit, Depression und
Reizbarkeit.
Ama zeichnet sich durch die Eigenschaften schwer,
dicht, kalt und schleimig aus.
Verminderungen von Ama finden durch die
Geschmacksrichtungen bitter und scharf statt.
Vermehrungen von Ama werden durch süß, salzig
oder sauer erreicht.

Um Ama zu behandeln, wird Agni benötigt.

Als **Mala** werden die Ausscheidungsprodukte wie
Kot, Harn und Schweiß bezeichnet.

Die Funktion der Malas ist abhängig von der
Flüssigkeitsaufnahme, der Ernährung, dem Klima
und der individuellen Konstitution.

Die Farbe des Harns hängt von der Ernährung ab.

Lebensmittel, die Harnausscheidungen fördern,
verstärken Pitta, wie z. B. Tee, Kaffee, Alkohol.
Bei einem Übermaß an Pitta wird der Urin sauer.
Schweiß reguliert die Körpertemperatur und die
Widerstandskraft der Haut und wird ebenfalls durch
Pitta beeinflusst.

Gallenprobleme zeichnen sich durch grünlichen
Harn aus.

Eine Vata Störung ist durch schwarz – braunen Urin
gekennzeichnet.
Bei einer Pitta – Störung, wie Fieber, ist der Harn
dunkelgelb oder braun.
Trüber Urin verweist auf eine Kapha – Störung.

Diagnosehilfen

Nach Ayurveda hängen Krankheitssymptome immer mit Störungen des Gleichgewichtes der drei Doshas zusammen. Die Diagnose befasst sich deshalb mit der ständigen Überwachung von Unordnung / Krankheit und Ordnung / Gesundheit. Durch die regelmäßigen Kontrollen können vorbeugende Maßnahmen ergriffen werden.

Diagnosen erfolgen über den Puls, die Zunge, dem Antlitz, den Lippen, den Nägeln und den Augen, wie auch den in der Schulmedizin gebräuchlichen Methoden des Abhörens von Herz und Lunge, Blutdruck, der Harnschau und der Anamnese usw.

Pulsdiagnose

Im Ayurveda wird der radiale Puls am Handgelenk mit Zeige –, Mittel – und Ringfinger gemessen. Die Finger werden leicht unterhalb der Speiche aufgelegt. Der Finger, der die stärkste Pulsfrequenz bemerkt, wird analysiert. Die anderen beiden Finger werden vom Arm weg gehoben.

Unter dem Zeigefinger befindet sich die Pulsfrequenz für das Vata – Dosha mit 80 bis 100 Schlägen pro Minute. Er ist wellenförmig, dünn und unregelmäßig und wird deshalb mit einer Schlange assoziiert.

Unter dem Mittelfinger schlägt der Puls des Pitta –
Dosha mit 70 bis 80 Schlägen pro Minute.
Die Frequenz wirkt lebhaft, aufgeregt und hüpfend
und wird deshalb mit einem Frosch verglichen.

Unter dem Ringfinger befindet sich der Puls des
Kapha – Dosha mit 60 – 70 Schlägen pro Minute.
Der Pulsschlag wirkt kräftig und wellenförmig und
wird deshalb als Schwan bezeichnet.

Eine Differenzialdiagnose ist möglich, wenn der Puls
einzeln unter den Fingern analysiert wird.

Am rechten Arm erfolgt das in der Reihenfolge Vata,
Pitta, Kapha.
Lässt sich der Puls nur oberflächlich erspüren, weist
Vata auf Defizite im Dickdarm hin, Pitta auf
Schwächen in der Gallenblase und Kapha auf
Probleme im Perikard.
Lässt sich der Puls nur mit Druck erspüren, weist
Vata auf Defizite im Lunge hin, Pitta auf Schwächen
in der Leber und Kapha auf Unausgeglichenheit in
allen Doshas.

Am linken Unterarm erfolgt das Analysieren in der
Reihenfolge Kapha, Pitta, Vata.
Lässt sich der Puls nur oberflächlich erspüren, weist
Vata auf Defizite im Dünndarm hin, Pitta auf
Magenprobleme und Kapha auf eine Blasenschwäche.

Lässt sich der Puls nur mit Druck erspüren, verweist Vata auf eine Schwäche im Herzen, Pitta auf Probleme mit der Milz und Kapha auf Defizite in der Niere.

Zungendiagnose

Verfärbungen oder Empfindlichkeiten auf der Zunge können auf Störungen hinweisen.
Eine weiße Zunge weist auf eine Kapha – Störung hin.
Rote oder gelb – grüne Zungenfärbung zeigt eine Pitta Störung.
Ein Defizit in Vata kann durch eine schwarz – braune Zunge angezeigt werden.
Eine ausgetrocknete Zunge verweist eventuell auf die Abnahme von Plasma hin.
Für eine Verminderung der roten Blutkörperchen spricht eine blasse Zunge.
Ein Überschuss von Gallenflüssigkeit oder eine Leberstörung zeigt eine gelbliche Färbung der Zunge.
Eine bläuliche Verfärbung kann auf eine Herzstörung hinweisen.
Ist die Zunge belegt, können sich Toxine im Magen, im Dickdarm oder im Dünndarm befinden.
Eine Furche in der Zungemitte kann ein Hinweis auf Probleme mit der Wirbelsäule sein, ist die Linie ungerade, spricht dies für eine Krümmung in der Wirbelsäule.

Lippendiagnose

Auch die Lippen werden zur medizinischen Analyse hinzugezogen.

Trockene, raue Lippen weisen auf eine Störung in Vata oder einen Austrocknungsprozess im Körper hin.

Entzündete Areale und Herpes verweisen auf eine chronische Pitta Störung.

Zitternde und trockene Lippen zeigen akute Angst und Nervosität.

Blasse Lippen sprechen für eine Anämie.

Chronisches Rauchen lässt sich an schwarz – braun verfärbten Lippen erkennen.

Eine schwache Verdauung zeigt sich durch blassbraune Flecken.

Bläuliche Lippen weisen auf Sauerstoffmangel hin.

Verfärbungen in bestimmten Regionen weisen auf die entsprechenden Organe hin.

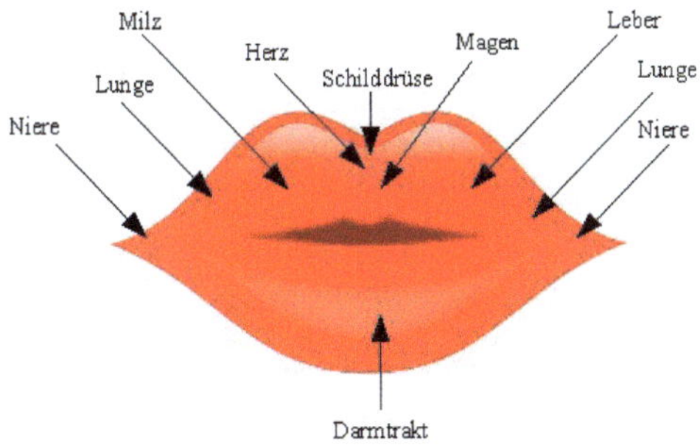

Nageldiagnose
Jeder Finger ist mit einem Organ und einem Element
verbunden.

Daumen	Gehirn und Äther
Zeigefinger	Lunge und Luft
Mittelfinger	Därme und Feuer
Ringfinger	Nieren und Wasser
Kleiner Finger	Herz und Erde

Die Färbung der Nägel kann auf Störungen hinweisen.
Blasse Nägel weisen auf eine Anämie hin.
Eine schwache Leber erkennt man an gelben Nägeln.
Bläulich verfärbter Nagel kann auf eine schwache
Lunge oder eine Herzschwäche hinweisen.
Längsrillen in den Fingernägeln weisen auf Probleme
im Verdauungstrakt und im Stoffwechsel hin.
Querrillen können ein Zeichen für chronische
Krankheiten sein.
Konvexe, knollenförmige Nägel zeichnen Lungen –
und Herzschwächen aus.
Konkave Nägel weisen auf Eisenmangel hin.
Weiße Flecken auf den Nägeln können ein Zeichen für
Zink – oder Kalkmangel sein.
Blasse Nägel können auf eine Anämie hinweisen.
Übermäßig rote Nägel sind mit einem Überschuss an
roten Blutkörperchen verbunden.

Gelbe Nägel zeichnen eine Leberschwäche oder
Gelbsucht aus.
Bläulich verfärbte Nägel kommen bei Herzschwäche
vor.
Ist der Halbmond an der Nagelbasis bläulich verfärbt,
kann dies auf eine Leberstörung hinweisen, ist er
rötlich, kann eine Entzündung im Körper vorliegen.
Sind die Nägel trocken, rauh, brechen leicht und sind
gekrümmt, herrscht Vata vor.
Weiche, zarte, rosafarbene, leicht biegsame Fingernägel
verweisen auf eine Stärke von Pitta hin.
Kapha typische Nägel zeichnen sich durch eine dicke,
kräftige, glänzende Struktur und einer gleichmäßigen
Kontur aus.

Augendiagnose
Kleine Augen mit häufigem Lidschlag verweisen auf
das Vorherrschen von Vata.
Hängende Oberlider stehen für Unsicherheit, Furcht,
mangelndes Selbstbewusstsein und ein gestörtes Vata.
Große, anziehende Augen sind typisch für die Kapha
Konstitution.
Pitta zeichnet sich durch glänzende, lichtempfindliche
Augen aus, bei denen das Augenweiß gerötet sein kann.
Pitta neigt zu Kurzsichtigkeit.
Hervorstehende Augen können auf eine Schilddrüsen-
unterfunktion hinweisen.
Blasse Bindehäute kann man bei Anämien erkennen.
Eine sehr kleine Iris spricht für schwache Gelenke.

Therapien

Ayurveda richtet die Behandlung nach den
Konstitutionstypen aus. Hierbei wird nicht nur die
Konstitution des Menschen betrachtet, sondern auch
die der Erkrankung.
Ziel aller therapeutischen Bemühungen ist die
Ausgewogenheit der Konstitutionen Vata – Pitta –
Kapha.

Vata tendiert zu Kälte und Trockenheit, weshalb
Therapien mit Hitze und Feuchtigkeit verbunden
werden sollten. Anwendungen, die befeuchten,
wärmen, und die Verdauung anregen, gleichen Vata
aus. Unter den Geschmacksrichtungen empfehlen
sich süß, sauer und salzig.

Pitta ist mit Hitze und Feuchtigkeit verbunden, die
mit Kühlung und Trockenheit ausgeglichen werden
können, wie auch durch fördern der Ausscheidungen.
Als Geschmacksrichtungen empfehlen sich süß,
zusammenziehend und bitter.

Kapha neigt zu Kälte und Feuchtigkeit, deshalb sind
Therapien mit Hitze, trocknenden und anregenden
Mitteln empfehlenswert. Entwässern, schwitzen und
das Anregen der Nierenfunktion und der Verdauung
stehen im Vordergrund. Es empfehlen sich die
Geschmacksrichtungen zusammenziehend,
scharf und bitter.

Am Vortag der Behandlungen wird der Körper mit Öl
massiert und heiße Umschläge aufgelegt.

Ayurveda im Alltag
Ayurveda empfiehlt, vor dem Sonnenaufgang
aufzustehen.
Zuerst sollen der Mund und die Zunge betrachtet
und gereinigt werden. Mit einem Silberlöffel wird
die Zunge massiert. Danach kann ein Glas warmes
Wasser getrunken werden, bevor der Körper
gereiningt wird. Nach dem Baden oder Duschen
empfiehlt es sich, den Körper mit Öl zu massieren.
Vor dem Frühstück wird meditiert oder sanfte
Bewegungsübungen betrieben. Das Mittagessen wird
optimal vor 12 Uhr eingenommen und das Abendessen
vor dem Sonnenuntergang. Grundsätzlich wird nur mit
Hungergefühl gegessen und maximal zwei Handvoll.

Mundspülung
Oliven – oder Sesamöl wird 30 Sekunden lang durch
die Zähne gezogen, um das Zahnfleisch und die Zähne
zu stärken und zu schützen.

Gesichtsmaske
Aus vorgefertigtem Kräuterpuder entsprechend der
Konstitution wird eine Paste mit warmen Wasser,
Öl oder Quark angerührt.

Nasendusche

Mit der Nasendusche werden die oberen Luftwege ausgespült und desinfiziert. Eine tägliche Spülung eignet sich vor allem für Menschen, die sehr verschleimt sind. Das Wasser hierfür wird mit Salz angereichert. Die Sole wird durch die Nase aufgenommen und dann ausgespuckt.

Massagen

Im Ayurveda gibt es Massagetechniken für alle Körperteile. Die Energiepunkte, die hierbei bearbeitet werden, heißen Marmarpunkte.

Rückenmassage

Eine Form der Rückenmassage führen die Masseure mit den Fußsohlen durch.

Kopfmassage

Die Kopfmassage wird Shiroabhyanga genannt. Zu Beginn der Massage wird Öl auf die Stirn gegossen, mit dem der Kopf und die Ohren, später auch der Nacken und die Schultern massiert werden. Hierdurch werden die Hypophyse und der Hypothalamus angeregt, was sich auf die Hormone und dadurch auf die Sinne auswirkt. Die Stimulierung kann geistige und seelische Defizite ausgleichen. Die Massage hilft auch bei Haarausfall, Kopfschmerzen, Migräne und Stauungen in den Nasennebenhöhlen.

Benutzt wird hierbei entweder Kokosöl oder auf die Doshas abgestimmte Kräuteröle.

Für Vata wird zum Beispiel Jasminöl empfohlen, bei Pitta Rosenöl und für Kapha Teebaumöl.

Pancha – Karma – Kur
Sie dient der Grundreinigung.
Pancha bedeutet Fünf und Karma steht für Handlung,
Behandlung.

Sie wird angewendet, um Verschleimungen im Körper
abzubauen durch Erbrechen, Abführmittel, Einläufe,
Nasenspülung und Blutreinigung.

Erbrechen (Vaman) reinigt die oberer Körperhälfte.
Mit Tee aus Süßholz oder Kalmus oder mit Salzwasser
wird die Zunge gerieben, bis es zum Erbrechen kommt.
Diese Anwendung soll bei Lungenproblemen, Diabetes,
Verdauungsstörungen, Hautproblemen, Ödemen und
Epilepsie helfen.

Abführmittel (Viechan) reinigen die untere
Körperhälfte. Als Ursache für Allergien, Dermatitis,
Akne und chronischem Fieber wird eine Störung in der
Gallenflüssigkeit gesehen. Ein Einlauf wird als „Basti“
bezeichnet.

Toxine können mit der Einnahme von Ingwer und
schwarzen Pfeffer neutralisiert werden, wie auch
durch Fasten, Flüssigkeitsreduzierung, Sport, frische
Luft und Sonnenbaden.

Küchenapotheke

Hier werden einige Zutaten und ayurvedische Rezepte vorgestellt, die man auch in der deutschen / westlichen Küche findet und kennt.

Cayennepfeffer wirkt Appetitanregend, stabilisiert den Kreislauf, reinigt die Schweißdrüsen und wirkt Schweißtreibend, klärt den Dickdarm, fördert die Darmentleerung und hilft bei Verstopfung und bei Erkältung und Husten.
Rezept:
- Saft einer ½ Zitrone, 1 TL Ahornsirup und ½ TL Cayennepfeffer auf 1 Liter Wasser wirkt Fettverbrennend und abführend.

Curcuma (Kurkuma) wirkt Blutreinigend, Verdauungsfördernd und wirkt Erkrankungen der Atemwege entgegen. Es beinhaltet antiarthritische und antibakterielle Eigenschaften und lindert dadurch Entzündungen. Curcuma trägt zum Ausgleich des Blutzuckers bei und kann deshalb gegen Diabetes eingesetzt werden.
Rezepte:
- Gurgelwasser aus 3 Prisen Curcuma und 3 Prisen Salz in einem Glas heißem Wasser lindert Halsschmerzen und Mandelentzündungen.

- Curcumabrei aus 1 TL Curcumapulver und 1 MS Salz
mit Wasser anrühren, lokal als Wickel aufgetragen,
lindert Schwellungen und Prellungen.

Ingwer fördert die Verdauungsprozesse und lindert
Halsentzündungen und Erkältungen.
Rezepte:
- Knoblauch und Ingwer in den Mahlzeiten zu
verzehren wirkt gegen Appetitlosigkeit.
- 2 Prisen Ingwerpulver in einer Tasse warmer Milch
vor dem Schlafengehen beruhigt den Geist und fördert
ruhiges Einschlafen.

Kalmuswurzel stärkt die Gedächtnisleistung, gleicht
den Blutzuckerspiegel aus und kann Toxine von
Psychedelika entstören.
Rezepte:
- Kalmuswurzelpulver mit Öl mischen und als
Massageöl verwenden entspannt die Muskulatur.
- Kalmuswurzeltee oder Kalmuswurzelkapseln
(in Apotheken oder Drogerien erhältlich) wirken
positiv auf den Blutzuckerspiegel, z. B. bei Diabetes.

Kardamom stärkt das Herz, lindert Blähungen und
Bauchschmerzen, stärkt die Lunge und die Atemwege
und wirkt sich positiv auf die Gedächtnisleistung aus.
Rezept:
- Prisen in den Tee oder zum Gemüse geben.

Koriander wirkt Verdauungsfördernd und Harntreibend und hilft gegen Übelkeit und Erbrechen.
Rezept:
- ein Brei aus Pflanzenteilen und warmen Öl wirkt Hauterkrankungen entgegen und wird auf die betroffenen Stellen aufgetragen.

Kümmel fördert die Verdauung und die Absonderung der Verdauungssäfte, hilft gegen Durchfall und Bauchschmerzen.
Rezept:
- Buttermilch mit einem gleichen Anteil Wasser verdünnen und mit Kümmelpulver anrühren.

Natriumcarbonat / Backpulver bindet Säure.
Rezepte:
- 1 MS Backpulver und Saft einer ½ Zitrone in einem Glas warmen Wasser zu sich zu nehmen, bindet überschüssige Magensäure, hilft gegen Blähungen und Verdauungsstörungen.
- ½ Tasse Backpulver in das Badewasser geben, fördert den Kreislauf und hilft bei Hautproblemen.

Nelke lindert Schmerzen.
Rezepte:
- eine ganze Nelke in die Backentasche neben einen schmerzenden Zahn platzieren.

- Nelkentropfen können warmen Wasser oder einem Tee zugefügt werden, mit dem die Mundhöhle bei Zahnschmerzen ausgespült wird.

Zimt wirkt entgiftend, strafft das Gewebe, fördert die Verdauung und lindert Erkältungen und Entzündungen.
Rezepte:
- ein Aufguss aus Zimt, Ingwer, Nelke und Kardamom lindert Husten und Verdauungsprobleme.

Metalle

Die Prana Energie manifestiert sich in allen natürlichen
Dingen, weshalb im Ayurveda auch Metallen eine
Heilwirkung zugesprochen wird.
Meistens werden zur Unterstützung Armreifen
getragen.

Kupfer unterstützt Leber, Milz und Lymphen und
baut Körperfett ab.

Gold wirkt positiv auf das Gedächtnis, die Nerven,
Lunge, Milz und Herzmuskel.

Eisen unterstützt Leber und Milz, das Knochenmark
und das Knochengewebe und die roten Blutkörperchen
und soll verjüngende Eigenschaften besitzten.

Silber stärkt Lebenskraft und Vitalität, die Leber und
die Milz. Es soll gegen Menstruationsbeschwerden
helfen, gegen Fieber und Abmagerung.

Zinn stärkt die Haut, die Lunge und die Lymphen und
wirkt positiv bei Atemwegserkrankungen und Diabetes.

Edel – und Halbedelsteine

Achat regt spirituelle Empfindungen an und schützt vor Ängsten. Der Achat steht analog zum Monat Mai. Er wirkt gegen Kapha Störungen.

Amethyst hilft Emotionen wahrzunehmen und zu kontrollieren. Er steht mit dem Monat Februar in Verbindung und wirkt gegen Vata und Pitta Störungen.

Beryll fördert die Intelligenz und Konzentration, die Kreativität und das Kunstverständnis. Der Beryll hilft gegen ein Übermaß an Vata und Kapha, ist aber nicht gut für Pitta – Typen.

Diamant dringt tief in die Gewebe ein und wirkt gut sich auf das Gehirn und das Herz aus. Er fördert enge Beziehungen und wirkt angeblich verjüngend. Sein Monat ist der April. Ein roter Diamant regt Pitta an, ein blauer Stein beruhigt Pitta und regt Kapha an. Ein klarer Diamant regt Vata und Kapha an und beruhigt Pitta.

Granat steht mit dem Januar in Verbindung. Rote, gelbe und braune Granate wirken positiv bei Vata und Kapha Störungen, weiße und grüne Steine sind nützlich bei Pitta Störungen.

Karneol wirkt blutstillend und blutreinigend und ist hilfreich bei Leber – und Milzstörungen und Anämie. Er steht analog zum Monat März.

Mondstein kühlt den Geist und wirkt gegen Stress.
Auch bei Mondempfindlichkeit ist er hilfreich. Er nutzt
bei Pitta und Vata Störungen. Menschen mit einer
Kapha Konstitution sollten ihn meiden.

Opal fördert Freundschaften und zwischenmenschliche
Beziehungen und unterstützt Wohlwollen, Empathie
und Kreativität. Opal wirkt positiv auf Vata und Kapha.
Er steht mit dem Monat Oktober in Verbindung.

Perle wirkt blutstillend und blutreingend und positiv
bei Hepatitis und Gallensteinen. Perle steigert die
Lebenskraft. Negativ wirkt sie auf Pitta. Der Monat
Juni steht mit ihr in Verbindung.

Rubin fördert die Konzentration und die geistige Kraft
und stärkt das Herz. Pitta reagiert empfindlich auf den
Rubin, aber Vata und Kapha nutzt er. Analog zum
Rubin stehen die Monate Juli und Dezember.

Saphir hilft bei Rheuma, Ischias und neurologischen
Schmerzen. Er wirkt positiv auf Vata und gehört zum
Monat August.

Topas lindert Angst und fördert Intelligenz und
Leidenschaft. Analog zu ihm steht der November.

Farben

Nach der ayurvedischen Lehre stehen Farben in
Beziehung zu den Tridoshas. Die sieben natürlichen
Grundfarben, die im Regenbogen sichtbar werden,
erhalten eine heilende Bedeutungen.

Rot hat eine Beziehung zum Blut und fördert die roten
Blutkörperchen. Außerdem erzeugt es Hitze im Körper
und regt den Kreislauf an. Es hilft den Teint der Haut
zu erhalten und gibt dem Nervengewebe und dem
Knochenmark Energie. Bei Vata und Kapha wirkt rot
positiv, Pitta Konstitutionen sollten es meiden.

Orange wirkt erwärmend. Es versorgt die
Geschlechtsorgane mit Kraft und Energie. Orange
erhält den Glanz der Haut und wirkt Hauterkrankungen
entgegen. Es fördert die Spiritualität. Bei Störungen
von Vata und Kapha ist ist Orange hilfreich, Pitta –
Typen sollen es meiden.

Gelb regt das allgemeine Verständnis und die
Intelligenz an. Es kann Störungen in Pitta auslösen,
bei einem Übermaß an Vata und Kapha ist es hilfreich.

Grün wirkt erfrischend, aber beruhigend auf den Geist
und die Gefühle. Es kann Pitta stören, auf Vata und
Kapha wirkt es positiv.

Hellgrün beruhigt den Geist. Bei Pitta führt es zu
Störungen, Vata und Kapha reagieren positiv auf
hellgrün.

Blau ist die Farbe des reinen Bewusstseins. Es hat
einen beruhigenden Einfluss auf Körper und Geist.
Blau lindert Pigmentstörungen der Haut und wirkt
positiv bei Lebererkrankungen. Es wirkt hilfreich bei
Pitta – Störungen, Vata und Kapha sollen blau meiden.

Violett gilt als Farbe des kosmischen Bewusstseins.
Es bewirkt ein Gefühl von Leichtigkeit und öffnet die
Wahrnehmung. Bei Störungen in Pitta und Kapha ist
violett hilfreich, bei Vata wirkt es negativ.

Jyotisha – vedische Astrologie

Jyotisch wird als „Wissenschaft des Lichtes" übersetzt.
Die vedische Astrologie arbeitet wie die westliche
Astrologie mit Tierkreisen, Häusern und Planeten.
Als Sternzeichen wird aber das Zeichen angesehen,
das in der Geburtsminute am östlichen Horizont
aufgeht.
So entspricht das vedische Sternzeichen häufig dem
Tierkreiszeichen vor dem des Aszendenten laut
westlicher Astrologie; – wenn zum Beispiel der
Aszendent im Schützen liegt, befindet sich das
vedische Tierkreiszeichen oft im Skorpion.
Es wird zwischen einem Nord – indischen und einem
Süd – indischen System unterschieden.

Die vedische Astrologie arbeitet nur mit 7 Planeten,
die Grahas genannt werden: Mond, Sonne, Merkur,
Venus, Mars, Jupiter und Saturn.
Der Mond nimmt bei der Deutung einen höheren
Stellenwert ein, als die Sonne.
Außerdem werden Rahu und Ketu interpretiert,
die in der westlichen Astrologie als Mondknoten
bekannt sind.
Die Horoskope beziehen die Eigenschaften der Gunas
mit ein.

Die vedische Astrologie gestaltet sich sehr umfangreich
und komplex.

Neben einem Geburtshoroskop werden weitere
Analysen erstellt.

Das Kavaca Horoskop dient als Schutzanleitung,
es vermittelt, wie negative Einflüsse abgewehrt oder
gemindert werden können.

Durch das Prashna – Horoskop können konkrete
Fragen beantwortet werden.
Es kann als Entscheidungshilfe genutzt werden.

Das Muhurta – Horoskop filtert günstige Zeitpunkte
für geplante Vorhaben heraus.

Literaturtipps:

* Die Ayurveda Pflanzen – Heilkunde von Vasant Lad
  und Dr. David Frawley

* Das Ayurveda Heilbuch von Vasant Lad

* Mit dem Herzen denken von Dr. David Frawley

* Yoga und Ayurveda von Dr. David Frawley

* Astrologie der Seher von Dr. David Frawley

* Heilsam Kochen mit Ayurveda von
  Dietrich Grönemeyer und Volker Mehl

In der Serie „Books to go with you – Bildung und
Inspiration für die Jackentasche" sind bisher
außerdem erschienen:

Grundlagen chinesischer Heilkunst - Eine Einführung
in Traditionelle Chinesische Medizin

Power für die Seele – Ein Leitfaden für den Alltag mit
Positiver Psychologie

EQ – Das Herz im Hirn – Ein Leitfaden für den Alltag
mit emotionaler Intelligenz

Chakren, die Energiewirbel – Eine Einführung in die
Energie der Chakren

Die Seelen der Farben – Leitfaden für einen
farbenfrohen Alltag

Schlafen und träumen – Ein Leitfaden durch die
Aktivitäten der Ruhephasen